외로움은 새벽 비를 타고 내린다

배형균 첫 번째 시집

외로움은
새벽 비를 타고 내린다

대양미디어

서문

첫 시집을 세상에 펴내며

　살아오면서 일상생활에서 느낌으로 다가오는 것을 습작해 모아, 부족하나마 시집을 세상에 내놓으려고 합니다. 시詩는 나에게 있어 홀로 가는 인생길에 꼭 필요한 벗이요 반려자와 같은 존재입니다. 나의 느낌과 생각, 감성을 불러일으키는 불쏘시개와도 같아서 시의 존재가 나에게는 반가움이고 기쁨입니다. 시집을 내놓는 저도 평범한 직장인의 삶으로 살아오면서 터득한 감성 예민한 시적감각詩的感覺을 기반으로 그리고 스스로 배워온 시적 상식을 바탕으로 글을 써오면서 하나씩 완성한 것이므로 다소 미흡한 점이 있더라도 독자님들의 이해가 있으시기 바랍니다.

　하지만, 우리 인생은 세상 이치와 같아서, 쉼 없이 다람쥐 쳇바퀴처럼 돌아가듯이 바삐 돌아가는 인생길이기에, 독자님들께서 나의 시詩로 인하여 잠시라도 삶의 안식처가 되고, 공감과 울림으로 살아가는데 활력소가 되었으면 합니다.

　작가의 인생길도 순탄치 않아, 살아남기 위해 안 해 본 것이 없으며, 그 결과 질병이 찾아들었고, 그로 인해 장애인으로 살아가는 어려움의 현실을 극복하지 못하고 자살이라는 극단적인 선택도 하였으나 하늘의 뜻으로 살아남아, 남은 인생의 여백을 채워나가고 있습니다. 죽을 고비를 넘기고 경비원으로 근무하면서 새벽에 다가오는 고요함을 벗 삼아, 세상이 주는 공감적 대화 속에서 시상이 느껴올 때마다 습작을 해놓았고, 적어놓은 시상詩想들을 다듬고 다듬어서, 부끄럽지만 세상에 내놓게 되었습니다.

나의 시가 독자님들에게, 우리가 살아가는 이 시대는 점점 갈수록 각박해져 가는 사회이기에, 감성 품고 공감과 울림을 주는 시적감상詩的感想의 소통으로 인간성의 회복과 심성의 깨끗함으로 사람다운 사람이 살아가는 신선한 공기가 흐르는 우리네 삶을 그려보고 싶었습니다.

누구나 가보지 않은 길은 다소 두렵습니다. 처음 가는 길이기에, 나의 첫 시집이 독자님들께 어떠한 울림과 공감으로 함께 호흡하며 소통해 갈지 걱정이 앞서지만, 나의 진솔함과 솔직함으로 그때마다 시상이 떠오르면 밤잠을 제치고, 정리하고 수정하며, 미사여구 없는 담백함으로 독자님들과 함께하고자 혼신을 다했기에, 부족한 면은 있으나 한 단계 성숙을 위한 독자님들의 평가를 받아가며, 함께 어울려 가자는 마음으로 용기 내어 세상에 내놓게 되었습니다.

우리의 삶은 1인이 살아가는 외로운 시대입니다. 젊은이들의 사랑과 이별, 이 시대의 고독 속 외로움, 홀로 가는 저 자신의 경험을 바탕으로 시상이 이루어졌고, 분단의 아픔도 공유하고자 시적으로 표현해 보았습니다.

   정신없이 흐르는 생활 일선에서 우리 각자는 소명의식으로 주어진 삶을 최선을 다하며 하루하루 살아가는 동시대의 청춘들과 공감으로 공유하고 그 울림으로 세상의 에너지를 충전하는 계기가 되었으면 합니다.

   끝으로, 부족한 시상을 보석 같은 시집으로 독자님들에게 공감할 수 있도록 세상에 탄생시켜 주신 대양미디어 서영애 대표님과 정영하 편집실장님께 감사의 말씀을 드리고, 나의 원고를 걱정 어린 마음으로 도와주신 배형숙 누님께 진심으로 감사드립니다.
   특히, 시집이 탄생하는데, 많은 도움을 주신 시인 성성모 작가님께 감사의 말씀을 드립니다.
   모든 이에게 감사함을 전하며….

2025년 이른 가을 노량진 서재에서
추량 배형균

축사

시집 발간을 축하하며

시詩는 내게 오랫동안 낯설은 장르였습니다. 그런데 대학 강단을 떠난 후 어느 날 문득 시를 읽어야겠다는 생각이 들기 시작했습니다. 아마도 인생의 황혼기에 접어드니 문득 오염되지 않은 순수한 언어에 대한 갈망이 싹텄기 때문이 아닌가 합니다. 그래서 젊은 시절 인상 깊었던 레바논 출신의 시인 칼릴 지브란의 『예언자』를 다시 읽었고, 인도의 시성 타고르의 『기탄잘리』, 미국을 대표하는 시인 월트 휘트먼의 『풀잎』을 비롯해 몇 권의 시집을 읽으면서 시인의 마음을 헤아려보려고 노력했습니다. 비록 이들의 품격 높은 시를 제대로 감상할 능력은 부족했으나 새로운 언어의 세계를 접하는 즐거움을 조금 느낄 수 있었습니다.

그러던 차에 지금 거주하고 있는 잠실 소재 주상복합 아파트의 경비반장으로 근무하고 있는 배형균 반장이 시에 대해 남다른 열정을 가지고 있다는 사실을 알고 반가우면서도 놀라웠습니다. 시란 평범한 일상을 살아가는 사람에게는 접근하기 어려운 영역으로 생각했던 나의 고정 관념이 깨지는 경험을 했기 때문입니다. 이제는 정식으로 등단한 배형균 시인

과는 5년 전 이곳으로 이사 온 이후 종종 대화를 나누었고, 또한 몇 번 책을 선물했던 적이 있기에 좋은 느낌을 간직하고 있었습니다. 그런 차에 배 시인이 시집을 출간하려 한다는 얘기를 들었고, 축사를 부탁하면서 자신이 살아온 과정을 압축해 들려준 내용을 통해 그동안 겪었던 고통을 시 작업을 통해 승화시켜 왔음을 알 수 있었습니다. 이런 인연으로 시에 문외한인 사람이 기꺼이 배 시인의 첫 시집 출간을 축하하는 글을 쓰게 된 것입니다.

고통 없는 인생은 없다고 생각합니다. 그리스 철학자 에피쿠로스는 '쾌락이란 고통의 부재'라고 말했는데, 그가 강조했던 것이 육체적 쾌락이 아닌 정신적 쾌락임을 고려할 때 무작정 고통을 피하려는 것보다는 고통을 다른 무엇으로 승화시키는 것이 진정한 쾌락에 이르는 길이라는 생각이 듭니다. 이런 의미에서 배 시인과 같이 자신이 겪었던, 그리고 지금도 겪고 있는 고통을 시로 승화시키는 능력을 함양할 수 있다는 것은 진정 축복이라고 하지 않을 수 없습니다. 또한, 자신에게 주어진 고통의 '의미'를 깊이 생각한 후 오로지 자기 내면에서 치유의 방법을 찾아내 절제된 시적 언어로 표현하기 위해서는 각고의 노력이 요구된다고 생각합니다. 이런 과정을 성공적으로 마쳤다는 사실만으로도 배 시인은 고통의 늪에 빠져 헤매는 많은 사람들에게 용기를 줄 수 있습니다.

오늘날 세상은 혼돈과 무질서로 가득 차 있어 한 치 앞을 내다보기도 어려울 지경입니다. 인공지능과 각종 소셜미디어의 발달로 개개인의 삶이 더 효율적이고 더 풍요로워진 것 같지만, 이면을 들여다보면 오히려 그 반대입니다. 기계에 의한 인간 소외, 크고 작은 이념적 갈등, 극심한 양극화, 그리고 세계 곳곳에서 벌어지는 전쟁 등으로 인해 과연 우리가 진정 더 나은 방향으로 가고 있는지 의문이 들지 않을 수 없습니다. 이런 모순된 상황에 직면하게 된 근본 원인은 우리 모두 이성과 감성의 조화를 추구하는 데 충분한 노력을 기울이지 않았기 때문이라고 생각합니다. 도구적 이성이 지배하는 사회는 의미 있는 삶을 위해 반드시 함양해야 할 감성의 가치를 무시하는 경향이 있습니다. 우리가 자주 듣는 아름다운 단어인 사랑, 자비, 연민, 공감과 같은 것들은 우리의 감성이 충분히 계발되지 않으면 실천할 수 없는 덕목입니다.

현실은 우리에게 끊임없이 도구적 이성을 바탕으로 영리하게 살아갈 것을 강요하고 있습니다. 자신에게 손해가 된다면 무조건 피하려 하고, 이익이 된다면 수단 방법을 가리지 않고 붙잡으려 합니다. 이런 풍토에서는 이성과 감성의 조화를 통한 자아실현과 사회 발전을 기대하기 어렵습니다. 이를 극복하는 좋은 방법으로 우리 모두 일상에서 조금이나마 시인의 마음을 함양하도록 노력하는 것은 어떨까 하고 생각해 봅니다. 우리의 삶을 황폐하게 만드는 고통과 원망, 그리고 시기와 질투 같은 부정적 감정들을 승화시킬 수 있는 절제되고 순수한 언어를 통해 삶을 윤택하게 할 수 있다면 더 이상 감정의 노예가 아닌 감정의 주인으로 당당하게 살아갈 수 있는 길을 발견하게 될 것입니다. 배형균 시인이 이런 가능성을 보여준 시인으로 오랫동안 독자들의 관심과 사랑을 받도록 계속 정진하기를 바랍니다.

동국대학교 경제학과
명예교수 **이 영 환**

축사

시집 발간을 축하하며

안녕하세요!

'국민이 함께하는 사회, 갈등을 넘어 화합으로' 국민통합위원회 강원특별자치위원장 윤용호입니다.

시는 한 인간의 내면세계內面世界의 고난과 갈등을 조화롭게 승화시키는 내적승리內的勝利의 산물이라고 생각합니다. 시를 읽으면 그 시인의 아픔과 나그네 삶의 여정을 통해, 세상의 꿈을 고향처럼 품고 살아온 흔적들이 울림의 공감 속에 공통분모로서 서로의 감정을 교감하게 됩니다.

배형균 시인께서 시집을 발간하게 되어 축사를 부탁해 왔을 때 올 것이 왔다고 생각했습니다. 배형균 시인을 오랫동안 알고 지내오면서 그 심성이 선함으로 상처받아왔던 것을 알고 있었기에, 언젠가는 시상詩想으로 표현되어 세상에 탄생되어 모든 이의 감동으로 공감을 줄 것으로 믿고 있었습니다.

첫 시집인 『외로움은 새벽 비를 타고 내린다』는 배형균 시인이 살아온 여정을 홀로 심정에 담아내었다가, 마침내 난생처음 세상에 드러내게 한 동기부여와 의지에 경의를 표합니다. 이 시집은 분명 독자에게 반향을 일으킬 수 있는 무엇인가가 담겨있는 산소 같은 인생 자체이기에, 시집으로 출간함을 축하하지 않을 수 없습니다.

배형균 시인은 앞으로도 독자와 동행하며 많은 사람의 마음을 위로하고 어루만져주는 인간미 넘치는 시상으로 의미 있는 시집을 많이 발간하기를 기원합니다.

다시 한번 첫 시집 『외로움은 새벽 비를 타고 내린다』 발간을 진심으로 두 손 모아 축복하며, 모든 이에게 공감 주고 인정받는 시인 작가로서 탄생하여지기를 바랍니다.

감사합니다.

국민통합위원회 강원특별자치위원장(차관급)
민주평화통일자문회의 원주시협의회장 **윤용호**

축사

첫 시집 발간을 축하하며

시는 나의 벗이요 반려자 –

그 문장에서 배형균 시인님의 시 세계가 처음부터 끝까지 투명하게 비칩니다.

세상의 바쁜 걸음 속에서 고요히 시를 품고, 말보다 더 깊은 말로 사람의 마음을 건드리는 일.

그 길을 기꺼이 택하고 묵묵히 걸어온 한 사람의 첫 시집이 이제 우리 곁에 도착했습니다.

'임의 그림자'는 기다림의 온도를 기억하고,

'바람의 친구'는 고요 속에서도 말을 건네는 자연의 숨결을 담고 있으며, '하루'는 시작과 끝이 얼마나 소중한지, 말없이 가르쳐줍니다.

그 시들은 바람처럼 조용하지만, 불쏘시개처럼 따뜻한 온기를 품고 있어 읽는 이의 마음에도 작지만 분명한 불빛을 피워줍니다.

시 없는 세상이 얼마나 무미건조한지를 아는 이, 그리고 시가 사람 곁에서 할 수 있는 일을 끝까지 믿는 이만이 쓸 수 있는 언어들이 배형균 시인의 첫 시집 속에 고스란히 담겨 있습니다.

   이 시집이 누군가의 창가에서, 고단한 하루의 책상 위에서, 등불처럼 오래도록 빛나기를 진심으로 기원하며,
   시인의 첫걸음을 깊이 축하드립니다.

변호사 **정재훈**

차례

서문 첫 시집을 세상에 펴내며 · 4

축사 시집 발간을 축하하며 – 이영환 동국대학교 경제학과 명예교수 · 7
축사 시집 발간을 축하하며 – 윤용호 민주평통 원주시협의회장 · 11
축사 시집 발간을 축하하며 – 정재훈 변호사 · 13

▌제1부 자연이 주는 의미

바람의 친구 · 23

극락왕생을 꿈꾸며 · 24

자연의 순리 · 25

오늘도 하루를 살아내자 · 26

나이 듦에 대하여 · 27

나의 기도 · 28

남산 위의 늙은 소나무 · 29

상실 · 30

봄 · 31

광명의 길 · 32

하루 · 33

십자가의 길 · 34

장미 한 송이 · 35

충혼가 · 36
우리는 하나 · 37
10월의 노래 · 38
가을밤 · 39
춘하추동 · 40
첫눈 · 41
새해 · 42

제2부 만남 속 이별 의미

동그라미 하나 · 45
임의 그림자 · 46
바람 소리 · 48
안개꽃 · 49
이별 후에 · 50
재회의 날 · 51
임은 떠나가고 · 52
여심女心 · 54
꽃비 내려 · 55
거미줄 사랑 · 56
이별 · 57

아카시아 · 58
임의 미소 · 59
청사초롱 青紗燭籠 · 60
정든 시골길 · 61
아시나요 · 62
떠나는 임 · 64
동행 · 65
사랑 바보 · 66

제3부 일상의 번뇌 그리고 아픔

새벽 일꾼 · 69
압구정으로 오라 · 70
밤을 잊은 사람들 · 71
첫사랑 · 72
재취업 · 73
고3 수험생의 하루 · 74
부모님 사랑 · 75
영등포역의 하루 · 76
하늘 아래 두 이웃 · 77
영원한 우정 · 78

젊음의 도시 · 80
부부 인연 · 81
푸른 정원 · 82
하얀 까치 · 83
야경夜景 · 84
출근 전쟁 · 85

▌제4부 고독으로 찾아드는 그리움

외로움은 새벽 비를 타고 내린다 · 89
별 무리 · 90
커피 향 · 91
회상 · 92
온정溫情 · 93
낙화 · 94
인연因緣 · 95
촛불 켜는 밤 · 96
마지막 잎새 · 97
붉은 태양 · 98
가을비 · 99
추억을 붙잡으며 · 100

안식安息 · 101

달빛 그림자 · 102

슬픈 연가 · 103

아직 못다 한 사랑 · 104

외로움이 강물처럼 · 105

해바라기 · 106

맨드라미 · 107

마도로스 항구港口 · 108

소박한 사랑 · 109

그 약속 · 110

해설 외로움이 하나씩 꽃으로 핀, 시작품 · 111

제1부
자연이 주는 의미

비바람을 견뎌낸 들꽃이

생명력이 더 강하고

고비고비 넘긴 사람 꽃이

인생의 참 의미를 아는 법

「자연의 순리」 중에서

바람의 친구

평화의 누리 숲속의 작은 연못
치자꽃 엄마 품으로
감싸 안은 에덴동산

이슬 머금은 연꽃 사이로
이성을 갈구하는 개구리가
사랑의 세레나데를 노래하고

인적 없는 작은 연못에
새들의 방문 잦아들고
소소한 이야기꽃을 피우네

우정에 목마른
금붕어의 숨소리가
내 귓가에 들려오고

고추잠자리가 입맞춤하는 작은 연못
바람이 친구 하자 머물다 가네요.

*《지구문학》봄호 신인상 등단 시(2025. 3)

극락왕생을 꿈꾸며

누구도 피할 수 없는 외길
바둥바둥 몸부림치고
하루를 살아낸 보람에
막걸리 한잔

뉘엿뉘엿 어스름에
지친 발걸음 하나
고단한 삶의 그늘에
이마엔 훈장 하나 늘고

하늘의 부르심에
순응하며 살다
자비의 품 안으로
극락왕생極樂往生하자꾸나!

자연의 순리

흐르는 세월을 거스를 수 있는가?
흐르는 강물을 거스를 수 있는가?
1 + 1 = 2

아쉽다 생각 말고
서럽다 생각 말고

지금, 숨 쉬고 있음에 감사하자

비바람을 견뎌낸 들꽃이
생명력이 더 강하고
고비고비 넘긴 사람 꽃이
인생의 참 의미를 아는 법

편안한 삶
고단한 삶

받아들임이 자연의 순리.

오늘도 하루를 살아내자

굽이굽이 인생길 끝은 어디인가요!
가도 가도 끝이 없는
내 삶의 종착역은

버거운 삶의 무게
내려놓을 모퉁이는 어디쯤인가요!

불현듯 다가오는 죽음의 그림자
그러나 다시 찾은 삶의 작은 불씨 하나

희망을 품고
새 생명의 길 걸으며
다시 올 환희의 순간을 위해

오늘도 하루를 살아내자.

나이 듦에 대하여

인생의 덧없음을 한숨짓지 마라
인생은 부족함을 채워가는 것이다

지나온 세월 돌이켜 후회하지 마라
그만큼 성실함을 채운 것이니

이마의 주름을 한탄하지 마라
열심히 살아온 인생의 계급장이니라

모두에게 주어지는 선물 '오늘'
부족함을 채우려 오늘도 내 달린다

나이 듦에 우리 연륜도 깊어진다.

나의 기도

간절함을 담아 기도 올리옵나니
저의 건강과 가족의 건강을 허락하여 주소서

두 손 모아 기도 올리옵나니
이웃의 평안을 허락하여 주소서

혼신을 담아 기도 올리옵나니
국가의 안녕과 번영을 허락하여 주소서

피 토하는 심정으로 기도 올리옵나니
분단된 한반도
통일의 그 날이 오도록 허락하여 주소서

정성을 다해 기도 올리옵나니
세계평화의
새싹이 싹틀 수 있도록 허락하여 주소서

우리 모두 일심一心으로 기도 올리옵니다.

남산 위의 늙은 소나무

푸르름은 세상의 기개氣槪를 뽐내는가!
변하지 않는 절개
세월도 비켜 가는
남산 위의 늙은 소나무

사람들의 변모를 굽어보는가!
세상의 이치를 아우르는가!
바람도 쉬어가는
남산 위의 늙은 소나무

비바람도 친구 하자!
눈보라도 친구 하자!
영원한 우정 품은
남산 위의 늙은 소나무

오늘도 고독의 장승 되어
새들의 방문으로
세월을 노래하는
남산 위의 늙은 소나무.

상실

세월의 덧없음을 탓하지 마라
잃어가는 것이 하나둘이 아님을
너와 나 발자취의 사라짐도
자연의 한 티끌일 뿐

아련한 기억의 끝을 잡고
시간 속으로 사라지는 상실의 시대

잊지 말자 순정의 입맞춤
그대여, 서러워 마라
연가戀歌가 허공을 가르고 사라짐도
자연의 필연일 뿐

너와 나 순수의 연모도
시간 속으로 사라지는 상실의 시대.

봄

매화 향기 그윽하니
바람이 절로 흥興이 나고

꽃들도 기지개를 켜니
푸르름 절로 산야를 덮네

겨우내 세찬 바람 이겨내니
꽃향기 절로 인사하고

우리네 가슴에도 순풍이 부니
봄기운 완연하다

대지의 생기를 돋우니
봄이 사계절의 시작을 알리는구나.

광명의 길

죽음의 그림자 드리워지는 날
탄식의 한숨도 소용없네

한번은 겪을 인생의 과정
뒤돌아본 인생 후회 없기를

인생의 막은 내릴지라도
후회 없는 삶을 살았노라

자신할 수 없음은
미련과 후회의 덤 때문이라

십자가의 길 걸으며
광명光明의 길 찾으련다.

하루

시작을 준비하는 고요함의 순간
새들도 곤히 잠든 새벽
또 하루가 시작하려 몸부림을 친다

여명이 수줍어 살포시 고개를 내밀고
만물이 태동하듯 조용히 기지개를 켠다

모든 이에게 주어지는 하루가
모든 이에게 축복이기를

어둠은 몸을 숨기고
다시 시작하는 하루가
화려한 옷으로 갈아입고
온 누리에 펼쳐진다.

*《지구문학》 봄호 신인상 등단 시(2025. 3)

십자가의 길

약속이 안 된 삶이지만
살아내야만 한다
삶의 무게가
아무리 버거워도

막걸리 한 잔에
위안을 삼으며
굽이굽이 휘몰아치던
북풍한설의 매서움도 이겨냈다네

석양을 잠재우는 툇마루에 내려앉아
회상의 그림자를 드리우네

소천召天*의 날 기다리는
가련한 인생이여!
십자가의 길 걸으며
여백을 채우리라~

*소천召天 : 하늘의 부름을 받아 돌아간다는 뜻으로 개신교에서 죽음
  을 이르는 말.

장미 한 송이

그녀가 건네준 장미 한 송이
내 마음을 춤추게 하고
그녀가 건네준 장미 한 송이
내 발길을 멈추게 하네

따스한 오후 2시의 환희
발길 떨어지지 않는 여운
살며시 포갠 두 손 위로
사랑이 피어나네

낙조의 붉은 빛도
장미만 못하나니
그대 이름은 꽃의 여왕
사랑의 향기를 발산하네.

충혼가

조국을 향한 일편단심 변치 않으리
만고萬古의 변하지 않을 노래 '충혼가忠魂歌'

기쁠 때나 슬플 때나 언제나 나의 벗
태초의 대한민국 영원하라!

뛰는 가슴 벅차오르고
붉은 조각 내 가슴 속에 남으리

내 강토를 탐내는 늑대들의 눈초리
총화단결總和團結로 수호하리

선열들의 피의 정신
한마음 한뜻으로 받들자.

우리는 하나

태초에 우리는 하나였습니다
한민족의 물줄기도 하나였습니다
언젠가부터 두 갈래의 물줄기로 흘렀습니다
우리의 의사와는 반反 하는 것
두 갈래의 물줄기는
하나로 합쳐져야 합니다
그래야 한민족이 웅비의 나래를 펼 수 있습니다
남과 북, 북과 남
언제나 그렇듯 우리가 하나라는 사실은
변함이 없습니다

영원히···.

10월의 노래

산들산들 가을바람 불어오니 곡식이 여물고
하늘이 높으니 과일이 영그네

청풍명월의 소망 가득 담아
흥겨운 가락으로 노래하고

오곡백과 지천이니 흥이 절로 나고
마주한 얼굴에는 미소가 번지네

사계절이 저마다 뽐을 내지만
10월이 으뜸이라

거두는 결실에는 땀방울이 보람이고
나는 새들도 태평성대를 노래하네.

가을밤

귀뚜라미 슬피 우는 이른 가을밤
하나둘 귀가를 서두르는 인적人跡만이 남네

한낮 코스모스의 화려함도 잠재우는 밤
휘영청 밝은 달님이 고개를 내밀고

밤을 잊은 사람들의 술잔이 돌고
희로애락 이야기꽃이 널뛰기하네

시샘하듯 가을바람이 불어오니
이내 한 해의 저물어 감을 예고하네.

춘하추동

봄이 시작됨은
우주의 태동을 알리구요
여름날의 찬란함은
계절의 여왕이라지요
가을날의 풍성함은
밥상의 진미를 선사하구요
겨울날의 차디참은
인생의 매서움을 깨우쳐주지요

저마다 자신을 뽐내는
봄 여름 가을 겨울
나는 좋아라
우주의 신비함이
녹아내리는
사계절의 변신이
대견對見하다.

첫눈

검은 속세를 정화淨化하려는 듯
눈송이가 나리네
하염없이 이산 저산에도 나리네

눈꽃 송이를 반기는
아이들의 함박웃음 피었네
어른들의 동심을 일깨우는 듯
한없이 나리네

하늘이 열린 듯
이 동네 저 동네에도 나리네
덕수궁 돌담길엔
다정한 연인들의 발자국이 선명하네.

새해

언제나 그렇듯 새해가 되면 꿈을 꾼다
모두가 희망의 나래를 펴며
새해 소망을 빌어 본다

가는 해를 뒤로 하고
오는 해는
두 손 모아 반긴다

지난해에 못다 한 일들일랑
새해에는 꼭 이루리라
다짐한다

해돋이 명소의 구름 인파
저마다 태양을 가슴에
품는다.

제2부

만남 속 이별 의미

떨어지는 낙엽 앞에 흐려지는 기억은

내 마음을 멍들게 하고

앙상한 가지의 모습은

내 임의 긁힌 상처

「이별 후에」 중에서

동그라미 하나

저녁 보름달이
그리움으로 차오르면
흐려지는 기억 속으로
떠오르는 보고픈 얼굴 하나
손짓하며 매달리는 아련한 기억
다시 올 수 없는 다리를 건너
떠나는 내 임의 그림자
임의 몸짓 가슴에 스며들면
연기처럼 사라지는 임의 흔적
다시 올 수 없음도 알지만
붙잡고 싶은 이 마음
국화꽃 필 때면 생각나는 그리운 얼굴 하나
허공에 그려보는 동그라미 하나.

임의 그림자

바람 소리 흐느끼면
임의 발자국 소리 들리고
정처 없이 나는 기러기는
보금자리를 찾는다

저녁노을 붉게 물들면
내 마음도 갈 길 멈추고
임이 들려주는 속삭임에
눈시울 촉촉해지네

만남과 이별 인간사의 어루쇠*이니
받아들임도 순리이거늘
다시 다가올 만남의 순간을
가슴 설레며 기다리는데

고독한 바람 소리
황량한 마음의 창가에
임의 그림자로 서성이네.

*어루쇠 : 금속거울의 순우리말.
*《지구문학》봄호 신인상 등단 시(2025. 3)

바람 소리

밤하늘을 가르는 바람 소리
내 귓가에 내려앉으면
임의 발자국 소리
나를 추억에 젖어들게 하고

잿빛 하늘의 먹구름은
임의 소식 바람 되어 옷깃을 어루만지면
밀려오는 상념의 바다
눈가에 이슬방울 맺히게 하네

바람 소리의 추억은
뒤안길로 사라지고
뒹구는 낙엽만이
연기처럼 쓸려 사라지네

아~
시려오는 아픔의 바다여
또다시 밀려오는 옛 추억
다시 못 올 사랑이여!

안개꽃

안개꽃 필 때면 생각나는 사람
영롱한 아침 눈웃음 지을 때
발걸음 살포시 내딛지요

하나일 때 보다 둘일 때가
시리도록 반가움 그리고 기쁨

안개 자욱한 이른 새벽
뒷모습 보이던 당신의 흔적

먼동이 터오면 홀연히 백마白馬 타고 오시겠지요

으스름 달빛 가리울 때
내 마음의 안개꽃은 지겠죠.

이별 후에

떨어지는 낙엽 앞에 흐려지는 기억은
내 마음을 멍들게 하고
앙상한 가지의 모습은
내 임의 긁힌 상처

왜, 그다지 침묵의 시간은
별들만큼이나 많았는지
돌아온다던 그 맹세
나뭇잎처럼 거리를 뒹구네

붉은 단풍잎 쌓이는 계절에
당신과의 추억은 아련한 회상으로 남고
기다림 그 세월은
그 이름만으로 내 마음의 상처

낙엽 떨어지는 정오
내 임의 추억은 떠나가네.

재회의 날

그리움이 사무치는 밤
떠나가신 임 그리워
창가에 눈물 고이고

젖은 나뭇잎이 오열하는
외기러기 쓸쓸함이 못내 아쉬워
날개를 접은 비바람 불던 날

만남과 헤어짐이 한 조각 구름인 것을
만남의 어색함이 있는 것은 아닌지
가로등 불빛이 기억하는 시간

눈가에 이슬 맺힐 때
하늘은 왜 그다지 몸서리치며
슬피 울었는지

재회의 날 기다리며
세월도 멈춰진 5월의 어느 모퉁이에서
당신을 기다릴 테요.

임은 떠나가고

찬 바람 불어
외로움이 날갯짓하면
돌아오시겠지
날 떠난 임아~

가던 길 돌아보며
회억에 잠들 때
회한의 그림자를 드리우네
날 잊은 임아~

뒹구는 낙엽 사이로
추억이 피어오르면
귀뚜라미 슬피 우네
날 버린 임아~

계절이 바뀌어
공허함이 분수처럼 솟아오르면
소식 없음이 서러워라
날 외면한 임아~

첫눈 내리면 같이 거닐던
오솔길 맴돌면
돌아오시겠지
날 상처 준 임아~

여심女心

고요한 정적만이 휘감아 도는
도시의 빌딩 속으로
사랑과 우정 그리고 야망의 그림자가
장막을 드리울 때
오고 가는 발걸음들이
고요함을 깨우네

가로등 불이 온 세상을 밝히어도
거친 호흡 몰아쉬는 야성
불러도 불러도 대답 없는
메아리만 허공을 가르고
오고 가는 사람들의 호흡 속으로
외로움이 동행할 때

먼동이 터오면
임의 꽃 편지
무딘 꽃바람에 실려
내 눈에 내려앉으면
시나브로
내 심장에 그리움으로 젖어 오네.

꽃비 내려

꽃비 내려
내 아픈 가슴 어루만지고
내 눈을 씻어 주네요

꽃비 내려
과거의 아픈 흔적 지우고
추억의 바다를 헤엄치네

꽃비 내려
달려온 내 임 소식
내 심장을 요동치게 하고

꽃비 내려
아직 못다 한 사랑
만남의 기약과 주우뻬삐히네.

거미줄 사랑

내가 걸어놓은 사랑의 거미줄
당신은 빠져들었어
헤어날 수 없는 사랑의 거미줄
무심히 건넨 손짓에 푹 빠져버렸어

오고 가다 만난 사이라도 좋아
나는 놓지 않을 테요
외로움에 지쳐 몸부림쳐도
누가 내 맘 알리요
나의 쓰라린 아픔

밀려오는 캄캄한 밤
사랑의 거미줄은 정열을 불태우고
외로운 거미줄은 사랑을 기다리며
불꽃 같은 사랑을 노래하지요.

이별

가로등 불빛 아래 마주 앉은 연인
꼭 잡은 손 놓질 못하네
사내의 담배 연기 허공을 가르고
밤의 어둠만이 내려앉네

깊은 상념만이 뇌리를 감쌀 때
다시 꺼내 들은 연초煙草여
떠난 임의 자리
차디찬 밤기운만이 휘감아 도네

무겁게 내려앉은 어둠 사이로
떠오르는 가로등 불빛의 사랑
체념의 시간은 흐르고
돌아오지 않는 여인이여!

아카시아

벌나비의 스킨십도 이제는 싫어
아카시아 향 자극하는 계절에
만남과 이별도 막을 내리고

산새의 속삭임도 작별을 고하며
밤안개 피어오르는
저녁노을의 찬란함도 이별을 약속하는구나

고운 향기 흐르고 산들바람 부누나
초연한 모습 누굴 위한 고결함인가
오늘도 꽃향기 실어 가련다.

임의 미소

임의
발자국 소리 들릴 때면
내 가슴은 쪼그라들고

임의
그림자 보일 때면
내 눈은 장님이 되고

임의
한숨 소리 들릴 때면
내 마음엔 비수로 다가오네

임의
손짓을 보노라면
내 심장은 고동鼓動을 멈추고

임이
미소 지을 때면
그대 내민 손 붙잡지요.

청사초롱 靑紗燭籠

청사초롱 불 밝혀라
고운임 보러 가련다

시샘하는 달빛마저 고개 숙이고
달그림자 동행하는 가을밤

청사초롱 불 밝혀라
우리 임과 백년가약 맺으련다

동네 사람들아
반겨주소
원앙 부부 되고 싶소.

정든 시골길

언제나 갈 수 있으려나
벗들의 추억이 머물러 있는 곳
정든 시골길

어깨동무하며 거닐던
내 마음의 안식처
그리운 고향길

도시의 묵은 때를 벗어나고파
물안개 피어오르던
호반 언덕의 황톳길

황소 풀 먹이던 푸른 동산
그리운 그 시절
가고파라 정든 시골길.

아시나요

아시나요
아쉬운 이별의 밤
이다지도 서러운 밤

떠나가는
새벽 기차의 기적소리
외로움을 더해 오고

오고 가는
사람들의 무언의 향연
쓸쓸함을 더 하네

사라져 가는
인파 사이로
만남을 위한 발걸음들

분주히
돌아가는 시곗바늘
누구를 위한 몸짓인가

새벽녘
먼동이 터오면
시작되는 만남과 헤어짐의 모습들이여~

떠나는 임

한번 가면 못 오는 길 어찌 가려 하나요
나는 어찌 살라 모질게도 외면하나요
북망산천北邙山川 굽이굽이 너머너머
나는 어찌 살라 그리 가나요
눈물이 말라 은하수가 되었네

먼저 간다한들 만 리를 가리오
나도 따라 가련다 그대의 그림자를
무심타 하늘이여~
이내, 애간장 다 태워도
서러운 이 밤 오작교烏鵲橋 다리 건너련다.

동행

내 눈물 닦아줘서 고마워요 내 사랑
내 상처 보듬어 줘서 고마워요 내 사랑
나의 우산이 되어줘서 고마워요 내 사랑

라일락 꽃 내음 맡으며 함께 걸어요
웨딩마치 울리며 영원한 안식安息 누려요
당신과 함께라면
험한 산비탈도 오를 테요
풍랑 거센 저 바다도 건널 테요

이 세상에 당신은
나의 처음이자 마지막 인연이기에
죽음이 갈라서게 할지라도
그 손 놓지 않을게요

당신이 내 삶의 전부이기에
당신과 나는 사랑 함께라서 행복해요.

사랑 바보

내 마음 몰라주는 당신은 사랑 바보
돌아서면 잊어버리는 당신은 사랑 바보야!
눈망울은 사랑을 원하지만
사랑에는 아마추어
나는 원해요
내 마음을 알아주는 당신을 원해요

저 하늘의 별도 따준다는
당신의 속삭임이 좋아요
달팽이의 느림은
사랑의 아쉬운 발걸음
내 마음 몰라주는 당신은 사랑 바보
돌아서면 잊어버리는 당신은 사랑 바보야!

제3부

일상의 번뇌 그리고 아픔

흔들리는 버스 안에서 나는 보았네

나의 첫사랑

고결한 백합과도 같은 그녀

내 심장을 흔들어 놓았네

「첫사랑」 중에서

새벽 일꾼

뚜벅뚜벅 힘찬 발걸음
새벽 정적을 깨우는 거친 호흡들

신문과 우유 저마다 새벽을 여는 일은 달라도
아침을 깨우는 새벽 일꾼들

저마다 가슴속 푸른 꿈을 안고서
오늘도 힘차게 달린다

비가 오나 눈이 오나 거센 바람 불어도
새벽 일꾼들의 이마엔 희망의 땀 이슬 맺히네

오고 가는 눈빛들엔
사랑과 응원 가득하네.

압구정으로 오라

바람이 스치는 날엔 압구정으로 오라
사람이 그리운 날엔 압구정으로 오라
사랑을 하고픈 날엔 압구정으로 오라

서로 의지하며 보듬고 가는 길엔
눈웃음만이 젖어 오네

모란이 피는 날엔 압구정으로 오라
길 잃은 외기러기 잠시 쉬어가려무나

힘겨운 사람들은 내게로 오라
근심의 무게 내려놓고
바람을 타고 오려무나

사랑이 그리운 날엔 압구정으로 오라.

밤을 잊은 사람들

아스라이 밤안개 피어오르는 저녁
밤을 잊은 사람들의 긴 호흡 소리
산업현장의 밤은 깊어 간다

푸른 희망을 안고
오늘도 깊어 가는 어둠과 씨름한다

별들도 응원하듯 불을 밝히고
내일의 희망 속에
이마엔 땀방울 옥구슬 되어 흐른다.

첫사랑

흔들리는 버스 안에서 나는 보았네
나의 첫사랑

고결한 백합과도 같은 그녀
내 심장을 흔들어 놓았네

천사와도 같은 그녀
어디서 어떻게 살았는지 몰라도 좋아

시야에 들어온 그녀만으로
나는 세상을 다 얻었네

스치는 정거장마다
조바심이 아롱아롱 열리네.

재취업

실직의 고통 잊고 새 출발을 다짐하는 하루
재취업의 문이 좁다 해도 또 한 번 길을 찾는다

일곱 번 넘어져도 또 일어나리
가족들 생각하면 눈물이 앞을 가린다

정성 들인 이력서 들고
또다시 문을 두드린다

면접관의 한마디 한마디에
내 가슴은 두방망이질치고

처음이 아닐진 데
떨리는 마음 어쩔 수 없네.

고3 수험생의 하루

오늘도 입시전쟁에 내몰린 고3 수험생
고3의 추억도 아스라한 기억으로
좋은 대학 좋은 과를 향한 분주함
그러나 인생은 성적순이 아니라 말한다

그렇지만 현실은 현실
꿈을 향한 발걸음 후회 없기를
어머님들의 고단함과 희생도
오늘을 사는 시대공감 時代共感

독서실의 시곗바늘은
25시를 가리키고
고3의 하루는 마감을 미룬 채
오늘도 이 밤을 지새운다.

부모님 사랑

자나 깨나 자식 걱정에 밤잠을 잊으시고
행여 다칠세라 조심해라~ 조심해라!
건강하게만 자라다오 소박한 부모님 사랑

당신보다 먼저 자식 생각에 걱정 드리우고
입신양명보다 무탈하기만 바라시고
오늘도 정화수井華水에 기도하는 부모님 사랑

초라한 당신 모습 뒤로하고
귀가 시간 기다리며 초침만을 응시하네
오늘도 까만 밤 하얗게 지새우는 부모님 사랑.

영등포역의 하루

이른 새벽 정적을 깨우는 기적소리
부산행 경부선 열차는
어둠을 가르고 플랫폼과 이별하네

저마다 귀향의 분주함은 뒤로하고
살포시 감은 두 눈엔 고요함이 깃드네

영등포역 안내방송이 내 귀를 때린다

호남선 열차가 플랫폼에 도착하고
또다시 시작되는 분주한 발걸음들

마중 나온 사람들의 웃음 속에
영등포역 열차는 오늘도 달린다.

하늘 아래 두 이웃

가고 싶어도 갈 수 없고
오고 싶어도 올 수 없는
만나고 싶어도 만날 수 없는
하늘 아래 두 이웃 남과 북

이산가족 상봉의 날 기다리며
눈물로 지새운 사람들

세월은 흘러 희미해져 가는 기억들
통일統—은 되려나
희소식은 있으려나
오늘도 실오라기 희망을 안고 TV를 켠다.

영원한 우정

기쁠 때나 슬플 때나 함께 동행한
너는 소중한 친구
세월이 변한다 해도
너와 나의 우정은
아지랑이처럼 피어오르리

서산에 해 기울어도
우리의 우정은 솟아오르리
바람 잘 날 없던 우리들의 시절
아련한 뒤안길로 사라져도
우리의 우정의 시간은 멈추지 않으리

너와 나
죽음의 골짜기에서
바람 되어 갈라서면
영혼의 입맞춤으로
부활하리

너와 나의 뜨거운 우정
가슴 속에 영원하리
고맙다 친구여!
언제나
내 곁을 지켜줘서….

젊음의 도시

어둠이 내려앉는 아스팔트
오고 가는 숨소리들
모여드는 도시의 인적人跡은
존재감들의 극치

걸음을 재촉하는 발자국들
흔적을 남기고
저마다 아쉬움을 뒤로 하고
시간과 작별하네

다시 못 올 순간의 찬란함이
허무의 절정이 아니기를
외로운 가로등의 향연이 아름다운
젊음의 도시.

부부 인연

미운 정 고운 정 쌓으며 살아온 인생
힘겨운 삶이건만
맞잡은 손등 위로 눈물방울 흐르고

주름진 이마엔 세월이 느껴지니
인생의 덧없음을 노래한 시인도 있으련만
마주 보는 얼굴엔 엷은 미소 가득하고

삶이 안겨다 준 여정
함께라서 행복했다
눈웃음 짓는구나

싸리문 밖 가을이 젖어오면
머리엔 흰서리 내리고
세월이 노크하고 지나가다.

푸른 정원

녹음의 절정 푸른 정원
휴식의 보금자리

시간의 흐름도 잠시 멈추고 휴식을 취하는
새들의 지저귐도 쉬어 가는 곳
낮에는 사람들의 속삭임으로 즐겁고
밤에는 고요함으로 평화를 누리네

아파트 중앙의 푸른 정원
주민들의 삶의 노래와 함께하는 곳

스치는 인정에
웃음으로 화답하는
정이 강물처럼 흐르는 푸른정원.

하얀 까치

아파트 빌딩 사이
희소식의 전령사(傳令使) 하얀 까치
네가 울면 반가움에 미소 짓는 사람들

네가 기다려지는 건
찌든 삶의 고단함 때문이려니

오늘도 너를 보면
입가엔 엷은 미소가

아파트 빌딩 사이 하얀 까치
허기진 야윈 몸짓이 측은하구나

오늘도 힘찬 날갯짓으로 비상해 주렴
아파트 빌딩 사이 하얀 까치야~

야경 夜景

네온사인 빛을 발하자
어둠이 친구 하자 하네

세상을 어둠이 점령하자
네온사인 현란한 몸짓을 뽐내고
하나둘 정든 집으로 발길을 돌리자
어둠이 서러워 더 짙은 검은 물감을 뿌리는구나

어둠이 깊어 갈수록
고요함이 어깨동무하자 하네
도시의 야경은
청춘남녀의 발길을 분주하게 하고

또다시 찾아올
내일을 기다리네.

출근 전쟁

"자~, 좀 들어갑시다!"

오늘도 출근 전쟁이다
밀착된 몸뚱어리
진동하는 땀 냄새 향수 냄새
언제나 면하려나 이 출근 전쟁
빈자리를 살피는 눈망울들
이어폰 꽂고 상념에 잠긴 얼굴들
한바탕 몸싸움을 하고 지치는 한 숨소리
숨 가쁜 전철역이 지나고
손에 손 꼭 잡고 앉아 있는
남녀의 모습이 애처롭다.

* 서울메트로 9호선 급행 출근 시간.

제4부

고독으로 찾아드는 그리움

추적추적 내리는 가을비는
연모의 시 되어 내 가슴에 아로새기고

내 임 그리워 내리는 가을비는
소리도 없이 고독의 향연을 노래하네

「가을비」 중에서

외로움은 새벽 비를 타고 내린다

4월 첫새벽에 나리는 빗물은
누굴 위해 몸서리치며 내리는가

만인의 사랑을 염원하는
간절함의 산물이련가

가슴을 때리는
빗줄기는 하염없이 내리고

시리도록 아픈 4월에 나리는 빗물은
임이 그리워 내리는가

내 마음을 아는 듯
내 가슴에도 내리네

외로움은
새벽 비를 타고 내린다.

별 무리

바람이 스치우는 건
떠난 임이 돌아온다던 약속의 징표
귀뚜라미의 처절한 울부짖음은
내 임의 사랑 고백

스산한 밤공기가 거리를 메우고
단풍잎들이 물들어갈 때
만남과 이별의 기로에서
나의 가슴만 에이네*

코트 깃을 여미는 가을의 문턱
고독을 씹으며 찻잔만을 기울이고
오늘도 별 무리만이
나의 유일한 벗이네.

* 에이네 : 마음이 칼로 도려지듯 몹시 아파지다.

커피 향

커피 한 잔 하실래요
버거운 삶의 무게 덜어 줄
커피 향이 그립습니다

커피 한 잔 하실래요
꽃내음 맡으며 임의 목소리 들려줄
커피 향이 그립습니다

커피 한 잔 하실래요
나지막이 음악 소리 들어 줄
커피 향이 그립습니다

커피 한 잔 하실래요
이야기 꽃피울 사람 냄새 그리운
커피 향이 그립습니다.

회상

아련히 떠오르는 추억의 그림자
임의 온기 간데없고
시려오는 마음만이 나를 반기네

언제부턴가 뇌리를 스치는 약속하나
서로의 다짐도 서쪽 노을 속으로 사라지고

한 모금 담배 연기 나를 휘감고
처절한 해바라기 되어
임 계신 하늘만 바라보련다

내 마음의 바다엔 회상만이 노를 젓네.

온정 溫情

차가운 밤공기가 뺨을 스치는 밤
외로운 수렁으로 빠져드는 이 가슴

따뜻한 사람의 온정 느끼고 싶어
TV 리모컨을 든다

바깥은 휑하니
사람의 발소리마저 숨을 죽이고

매서운 한파의 날카로움도
내 마음 같으랴

오늘도 사람의 온정 느끼고 싶어
TV 리모컨을 켠다

질주하는 차들만이 내 마음을 아는 듯
거리를 활보한다.

낙화

꽃잎이 지더라도 나는 갈 테요
머나먼 이녘 땅이라도 좋소
마주할 수 있다면 그것으로 족하오

바람에 실려 온 임의 꽃향기는
눈시울 적시기에 충분하오

내 임의 사랑은 저만치 가고
나는 외로이 오솔길을 걷고 있소

기러기의 날갯짓은 귀향의 손짓
깊은 산속 시냇물 소리도
한없는 울림 있으련만

이내 마음 몰라주는 임의 뒷모습
꽃잎이 지듯 내 사랑도 지네.

인연因緣

어쩌다 마주친
인연일랑 잊어버리고
그대와
맞잡은 손 온기 떠나지 않기를

잿빛 하늘
어스름 달빛 기울 때
그대와
마주치던 시선 영원하기를

스쳐 지나가는
옷깃일랑 잊어버리고
그대와
마주했던 발길 멀어지지 않기를

영롱한 아침 햇살 안으며
살며시 안아보는 추억의 조각들
바람 스치우는 날엔
오솔길 함께 걸어요.

촛불 켜는 밤

바람은 어디서 와서 어디로 가는가!
발길 따라 떠도는 나그네의 귀향
슬픔을 잊기 위한 몸부림인가

만나지 않았던들
슬픈 아픔도 없었을 것을
임 생각에 눈물짓지도 않았을 것을

갈대의 슬피 우는 소리는 내 마음의 파편
슬픈 인연 아닌 기쁜 인연이면
내 한숨도 처량하지는 않으리

갈바람 슬피 우는
촛불 켜는 밤
임을 그리네.

마지막 잎새

회오리가 불어도
남아 있으리 그 자리에
거센 바람 몰아쳐도
사라지지 않는 생명력
외로움이 쓰나미처럼
밀려온다 해도
이겨내리 나의 자존감
지켜봐 줄 이 없어도 좋다
태어나고 죽어갈 때도
어차피 혼자인 것을
내 마음 한구석
채워지지 않는 빈자리
그대 때문인가!
하루가 지나고 이틀이 지나
쓸쓸함의 파도가 밀려와도
아직 미련이 남은 마지막 잎새….

붉은 태양

고요한 달그림자 사이로
찾아온 검은 장막

허공을 가득 메운 정적만이
메아리치네

네온 불빛 사이로
오가는 차들의 질주 본능

황량한 도시의 민낯을 드러내는 이 순간

먼동이 트이듯 나타나는
헤드라이트 불빛

어둠이 걷히고 붉은 태양이 솟네.

가을비

추적추적 내리는 가을비는
연모의 시 되어 내 가슴에 아로새기고

내 임 그리워 내리는 가을비는
소리도 없이 고독의 향연을 노래하네

영롱한 추억이 피어나는 들녘
바람 소리 흐느낌으로 젖어오고

밤새 내리던 가을비는
발길 끊은 추억의 소야곡

가을비 멈춘 해 질 무렵
노을빛만 현란懸欄하네.

추억을 붙잡으며

뒹구는 낙엽 사이로
멀어져가는 임의 흔적
아련히 피어오르는
임의 영상

언젠가 만날 날 기다리며
사라져가는 쓸쓸한 추억을 붙잡아 본다

촛불 하나 켜는 밤
따스하게 느껴지는
심연의 바다

달빛 그을린 깊은 밤
책장 너머로
귀뚜라미 사랑을 속삭이네

해오름의 백일홍이 피면
임의 소식 들려오겠지.

안식 安息

비바람의 장난도 끝을 맺고
암흑의 시간도 작별을 고하는
7월의 오후
한줄기 따사로운 햇살 비추네

이 순간을 위해 시간의 유희 속에
세상은 요동쳤나 보다
남겨진 흔적일랑 살아 숨 쉬는
사람들의 몫

기지개 켜는 세상의 군상群像들은
오늘도 화창한 오후를 반기네
시련 뒤에 찾아오는 조용한 안식
나는 즐기련다.

달빛 그림자

어스름 달빛 그림자에 내 몸을 맡기고
메밀꽃 핀 들녘을 지나
고향으로 향하는 나그네
가을 향기 코끝을 자극하며
내 발걸음 재촉하네

부드러운 밤공기 두 뺨을 스칠 때
어스름 달빛 그림자
내 몸을 붙잡고
정처 없는 나그네
달빛 그림자 어깨동무하자 하네

홀로 가는 인생 혼자인들 어떠하랴
어스름 달빛 그림자
포근히 감싸 오네
동녘 하늘 해오름이 더딘 건
이별의 아쉬움이려니….

슬픈 연가

소리 없이 내리는 이슬비는
내 사랑의 작은 외침

어쩌다 마주친 사이도 아닐진대
이렇듯 서먹함은 나를 힘들게 하고

백 년도 못다 할 사랑
천년인들 다 하리오

내 가슴 파고드는 추억의 민낯

이제는 묻으리오 하면서도
불현듯 생각나는 슬픈 연가여~

아직 못다 한 사랑

찬 바람이 불면 더욱 공허해지는
이 마음 무엇으로 달래리오
낙엽이 떨어지면 더욱 허탈해지는
이 마음 무엇으로 달래리오

저 하늘을 나는 외기러기는
내 마음을 아는 듯 하염없이 날갯짓하고
찬 바람이 불 때면 아련히 떠오르는 옛 추억
이승에서 못다 한 사랑 저승에서 꽃 피우려나

후회 없는 삶이 어디 있으랴
인생은 미완성으로 완성되는 것을
이 또한 자연의 순리라면 따르리라
그것이 인생인 것을….

외로움이 강물처럼

외로움 하나
창공에 드리운 먹구름이고

외로움 둘
갈대숲 출렁이는 바람이고

외로움 셋
서쪽 하늘 석양 드리우고

외로움 넷
밤하늘 수놓은 짙은 어둠이고

외로움 다섯
임 그림자 잡지 못함이
못내 아쉬워라~

해바라기

꽃잎 시들어도 만남의 기약은 있는 법
세찬 겨울지나 봄소식 전할 때쯤
기다림의 설렘도 있겠죠

살고지고 자연의 이치
어긋남이 없는 법
오고 가는 인연의 섭리攝理도 그러하리라

달빛 드리운 밤
그대의 해바라기 되리니
별빛 쏟아지는 그대 창가에
나, 당신 위해 불을 밝히리라.

맨드라미

맨드라미 필 때면 그리워지는 사랑
맨드라미 질 때면 생각나는 사랑
그게 바로 당신이었으면 좋겠습니다

맨드라미 향기 뺨을 스칠 때
아련히 떠오르는 얼굴
계절 향기 흐드러질 때
스치듯 지나가는 그런 사람이어도 좋습니다

맨드라미 필 때면 그리워지는 사랑
맨드라미 질 때면 생각나는 사랑
그게 바로 당신이었으면 좋겠습니다.

마도로스 항구港口

오랜 헤어짐은 임이 싫어 떠난 건가요
오늘도 항구엔 갈매기 떼 날갯짓하네

만남의 기약은 아직도 나에겐 작은 사치인가요
마도로스 항구엔 거친 파도만이 넘실거리네

오늘도 항구엔 임자 없는 배들만 드나들고
마도로스 담배 연기 사이로 노을이 지네

1월의 세찬 바람 항구를 뒤덮어도
희망의 뱃고동 소리 기적을 울리네.

소박한 사랑

투구꽃 지던 그날 밤
그대와 맞잡은 손
나는 잊지 못하네
달그림자 임을 비추니
내 가슴에 이는 작은 물결

애틋한 순백의 사랑
하늘도 허락한 소박한 사랑
변함없는 눈빛으로 전해주오
잊지 못할 아련한 사랑
흠결 없는 투명한 사랑

가을바람 행복으로 젖어 오면
이내 마음 추억과 두 손 잡고
사랑의 여운
실바람 타고 님의 볼을 스칠 때
너와 나 원앙꽃으로 피어나리.

그 약속

흐린 가을 속으로 당신은 떠나가고
온다던 그 약속 기약할 길 없네
찻잔의 온기가 식기도 전에 흐려지는 기억
그 언약이 이루어지는 날
하늘의 먹구름은 걷힐 테지요

아! 이별의 아픔은 쓰디쓴 독약
치유의 달콤한 말은
당신의 입술이 생각나는 날
돌아와 줘 잃어버린 세월이여!
돌아와 줘 잊혀진 순간이여!

눈물 젖은 달그림자
스멀스멀 시야를 잠재우면
그 약속
어둠의 친구 되어
내 가슴에 파고든다.

◇ 해설

외로움이 하나씩 꽃으로 핀, 시작품

신 현 득
한국문인협회 고문

　추량 배형균 시인은 갈바람재 뻗은 발끝, 나지막했던 오두막집 출생이다. 갈바람재 기슭 남북은 큰 시인, 큰 작가가 많이 출생한 고장이다. 시인의 아호 추량秋良에도 갈바람재 출신에서 빼어난 시인이 되기를 바라는 염원을 담고 있다.
　추량은 살아온 인생길이 외로웠다고 한다. 그것을 불행으로만 여겨서는 안 된다. 외로웠기에 시를 쓰게 된 것이니 말이다. 그 외로움과 그 아픔이 하나씩 시를 꽃피워, 4부 77송이 시의 꽃밭을 이뤘다. 배부르고 편하기만 했다면 시가 이뤄지지 않았을 거다.
　이 시의 꽃밭을 『외로움은 새벽 비를 타고 내린다』로 이름 지었으니, 자기 인생을 가리킨 큰 제호다. 추량은 살아남기 위해 안 해본 일이 없다고 했다. 그것이 큰 시를 생산하는 학습이었던 거다.

4부 77편의 시에서 제1부는 자연과의 대화다. 시에 나타난 대화의 상대는 바람이기도, 꽃이기도 하고, 세어가는 나날이기도 하다. 자연에 꽃을 피웠다가 열매를 거두는 계절이기도 하고, 땅을 적셔주는 비와 눈이기도 하다. 흐르는 세월이기도 하고, 잃어버린 시간이기도 하고, 장미 한 송이기도, 붉은빛을 토하는 낙조이기도 했다. 눈꽃 송이를 반기는 꼬마들 목소리이기도, 새날을 밝히는 아침 해이기도 했다.

소원하는 극락왕생이 시가 되기도 하고, 십자가의 가르침을 형상화하기도 했다. 이들이 추량과 속삭이면서 시를 생산했다. 소재의 이미지와 빛깔과 울림이 시를 꽃피우고 있다.

그 중의 한 편을 펼쳐보자 했더니.「나의 기도」한 편이 소리치며 나서는구나.

      간절함을 담아 기도 올리옵나니
      저의 건강과 가족의 건강을 허락하여 주소서

      두 손 모아 기도 올리옵나니
      이웃의 평안을 허락하여 주소서

      혼신을 담아 기도 올리옵나니
      국가의 안녕과 번영을 허락하여 주소서

      피 토하는 심정으로 기도 올리옵나니
      분단된 한반도

통일의 그 날이 오도록 허락하여 주소서

정성을 다해 기도 올리옵나니
세계평화의
새싹이 싹틀 수 있도록 허락하여 주소서

우리 모두 일심一心으로 기도 올리옵니다.
– 「나의 기도」 전문

  추량의 기도는 먼저 한 가족의 건강을 위한 것 같아 보인다. 어머니 아버지를 둘러싼 내 자매를 위한 기도인가? 시인이 생각하는 가족이 그런 소규모는 아니다. 그렇다면 그 가족은 몇이나 될까? 나뉘어진 남과 북, 해외동포까지를 합쳐서 1억의 우리 가족이다. 1억의 가족 모두가 건강하게 지내기를 절대자에게 귀의해서 부탁한 거다. 그래서 추량의 시는 크다. 큰 시다!

  다음은 이웃을 위한 기도다. 이웃은 담 너머로 보이는 몇 집인가? 그런 소규모의 이웃이 아니다. 시인이 가리키는 이웃은 지구촌 80억의 이웃이다. 이들의 평안은 바로 세계의 평화다. "제발, 제발 다툼이 없는, '전쟁'과 '무기'라는 인이 없는 '지구촌 이웃'이 되게 해주소서." 하는 기도다. 그래서 추량의 시는 크다. 이 한 편에서도 제4연의 기도는 너무 커서, 칭찬의 글 끝에 곁들이기로 하고 지나가자.

다음으로 제2부의 시를 만나볼까? 2부 「바람 소리」·「안개꽃」·「이별 후에」 등 19편은 연시戀詩의 꽃밭이다. 빛깔은 여러 가지. 상당한 경험에서 창작이 가능했던 것 같다. 상대는 헤어져서 다시 볼 수 없는 한 사람의 임이다. 시문 바탕 전체에서 잔잔한 눈물이 깔려 있다. 이만한 서정의 꽃밭을 이룬 연시들은 역시 큰 시다. 이 중 「임의 그림자」 한 편을 만나보기로 할까?

바람 소리 흐느끼면
임의 발자국 소리 들리고
정처 없이 나는 기러기는
보금자리를 찾는다

저녁노을 붉게 물들면
내 마음도 갈 길 멈추고
임이 들려주는 속삭임에
눈시울 촉촉해지네

만남과 이별 인간사의 어루쇠*이니
받아들임도 순리이거늘
다시 다가올 만남의 순간을
가슴 설레며 기다리는데

고독한 바람 소리

황량한 마음의 창가에
임의 그림자로 서성이네.

*어루쇠 : 금속거울의 순우리말.
-「임의 그림자」전문

들리는 바람 소리가 헤어진 임의 발자국 소리로 들린단다. 그것이 보금자리를 찾아 정처 없이 날고 있는 기러기 신세다. 붉은 저녁노을 속에서도, 임과 속삭였던 목소리가 들리고, 눈시울이 젖는다. 만나고 헤어짐이 거울 그림자처럼 누구에게나 있는 일이어서 순간을 소화해버리는 게 순리이지만 그래도 그래도 그래도…, 마음의 창가에 서성이는 당신의 그림자에서 눈을 뗄 수 없다는 것. 이만하면 큰 감동의 연시라는 걸 다시 느끼게 한다.

3부는 안 해본 일이 없다는 노동의 일선에서 얻은 테마에, 오늘도 경비원으로 살면서 체험하는 강한 이미지를 담은 시문이다. 신문 배달, 우유 배달원으로 새벽을 깨우면서 땀을 흘리는 노동자의 모습「새벽 일꾼」이 있고, 밤을 모르고 산업 현장을 뛰는 노동자들 모습을 담은 작품「밤을 잊은 사람들」이 있다. 재취업을 위해서 이력서를 들고 기업체의 문을 두드리는「재취업」이 있다. 밀착된 몸뚱어리, 진동하는 땀 냄새로 이루어진 시「출근 전쟁」이 있다.

그리고, 제4부는 인생을 살면서 나의 고독 속으로 찾아드는 그리움을 담은 시편들이다. 이러한 추량의 시는 우리 산천, 우리 초목, 우리 생활에서 미치지 않는 곳이 없다. 그래서 큰 시다.

그중에서도 가장 큰 시는 무엇일까? 선열들 피의 정신을 한마음, 한뜻으로 받들자는 「충혼가」와 우리는 태초부터 하나였다는 「우리는 하나」가 있다. 그보다 더 큰 시는 첫 예문인 「나의 기도」에서 해석을 보류해 두었던 석 줄의 시문장이다.

    피 토하는 심정으로 기도 올리옵나니
    분단된 한반도
    통일의 그 날이 오도록 허락하여 주소서

이 석 줄의 시에서 "쿵!" 하고 하늘이 울리고 있다. 우리가 갈라진 것은 남의 뜻에 의해서였다. 세계의 역사는 우리의 분단을 '20세기의 죄악'으로 기록할 거다. 1945년 2월 얄타회담에서 소련을 태평양전쟁에 끌어들인 것이 한국분단의 원인이었다.

원자탄까지 만들어 놓았으니 연합국의 다 이긴 전쟁이었다. 다 이긴 전쟁에서 소련이 총을 든 것은 불과 1주일. 얄타회담 문서에서 "소련 너희는 참전을 하되, 한국 땅에는 발을 들여놓지 말라!" 이 스물석 자를 왜 곁들이지 못했을까?

이 답답한 조국분단 해결을 절대자에게 부탁했으니 이보다 더 큰 시는 드물다. 이런 큰 시를 생산했으니 추량은 이미 큰 시인이다!

배형균 첫 시집
외로움은 새벽 비를 타고 내린다

초판 인쇄 | 2025년 8월 13일
초판 발행 | 2025년 8월 20일

지은이 | 배형균
펴낸이 | 서영애
펴낸곳 | 대양미디어

04559 서울시 중구 퇴계로45길 22-6(일호빌딩) 602호
전화 | (02)2276-0078
팩스 | (02)2267-7888

ISBN 979-11-6072-152-2 03810
값 13,000원

✽ 지은이와 협의에 의해 인지는 생략합니다.
✽ 잘못된 책은 교환해 드립니다.